# A JOURNEY of Life, Death, and Rebirth with my Daughter

LORENZO ARAUJO

authorHOUSE®

*AuthorHouse*™
*1663 Liberty Drive*
*Bloomington, IN 47403*
*www.authorhouse.com*
*Phone: 1 (800) 839-8640*

*Published by AuthorHouse    04/25/2016*

*ISBN: 978-1-5049-6083-0 (sc)*
*ISBN: 978-1-5049-6090-8 (hc)*
*ISBN: 978-1-5049-6089-2 (e)*

*Library of Congress Control Number: 2016904755*

*Print information available on the last page.*

# ACKNOWLEDGEMENT

To Omar Rashidzada, LCSW who as soon as he learned about this publication embraced it with candor, and through the process of editing the poems demonstrated we were in the same spiritual wave.

Kevin Acers, LCSW kindly contributed to the process of editing this material.

# DEDICATION

To the hundreds of people that like a rain of grace descended upon my wife and I to offer consolation and sympathy when our daughter, Laura, died. The power of their voices nourished our spiritual harvest to help us heal and keep going.

To family and friends who helped us realize that pain is the communion that identifies all good souls.

To young people, friends, classmates and church friends with whom Laura lived most of her life, and with whom she shared the best of her memories, hopes and spirituality. They have reported to local media beautiful testimonies of her spiritual legacy. Within this group we owe deep gratitude to Ankana Daga, Gabriela Watson and Mariella Saldutti who shared their living quarters with her.

To the Art Institute of Philadelphia who responded to Laura's death as the death of a loved child. Especially to Dr. Allison Pasteur for her generosity and compassion, to Professor Emil DeJohn for believing in Laura and inspiring her to follow her dream, and to Professor Lori Glazer for sharing her memories with us.

To Jim Meck who wrote, performed and produced "For Just a Little While" (Laura's Song) as a tribute to Laura.

To all my patients who trained me to endure pain through treating theirs for more than 20 years as a psychiatrist.

# FOREWORD

Dr. Lorenzo Araujo is a psychiatrist in the Substance Abuse treatment program at the VA Medical Center in Oklahoma City. He has assisted numerous Veterans in their recovery from mental health and substance use disorders for the past 10 years.

Dr. Araujo's 23 year old Daughter, Laura Araujo, was murdered on July 14, 2014. I have always been very fond of Dr. Araujo as his smile, compassion, and generosity of spirit always brightens my day, as well as the Veterans he serves. I was deeply moved by this tragedy and have spoken to Dr. Araujo on several occasions regarding his feelings about the death of his Daughter and her murderer. Through these conversations he has inspired me with his level of spiritual awareness, compassion, and forgiveness. With his deep spiritual conviction he is a man who truly "walks the walk".

Dr. Araujo's book of poems is dedicated to his Daughter and her murderer. These poems are a reminder of the power of love, compassion, and forgiveness. It is an important lesson for all of us, especially those who have gone through the horrific and traumatic experience of losing a child.

As a parent who has lost a child I can attest that the experience is one of the worst forms of human suffering, which affects your entire life for the rest of your life. The healing process is very long, complex, and tests the best of one's virtues. For example, the divorce rate for parents who have lost a child can be as high as 80-90%. Parents of deceased children are at high risk for mental health and substance use disorders.

To overcome the death of a child is a tall mountain to climb and taxes all of your emotional, psychological, and spiritual resources. It is an inspiration to witness the grace and healing process Dr. Araujo has demonstrated from his tragic experience. His grieving process is of the utmost importance to suffering people everywhere. It is, in my humble opinion, the most important lesson in life.

As suffering in life unites us all, I hope these poems will assist in the healing process for all parents who have suffered the loss of a child, and for suffering people everywhere.

May we all find peace, love and happiness through our journey of suffering.


Omar Rashidzada, LCSW

# WHEN I SEE YOU AGAIN

Well, you surprised me!
Life, and you, tricked me.
I never thought it would be this way; how could I know?
I did not know it, but it was already written before the day you were born.

There where you lie sleeping, I converse with your flesh.
I do not expect you to answer me, but I will ask questions anyway.
I often wonder what your life and death meant to you.
The place you are now is the domain of the grave.
By borrowing your voice, the questions I ask are answered by myself.

Life was for you the one you lived, and death the point at which life escapes
from pain.
Where you are now nothing hurts; pain is no longer pain.
You will be forever free of torment and the senses.
You have transcended.

You are not dead; you are sleeping and alive forever.
When I see you again, I will tell you everything I could not say in this short life.
Together we will sing with joy and never cry.
I will rock you in my arms and tell you stories.
I will cuddle you sweetly in my arms as I did when you were a child.
You may be mad at me, and if you are I understand.
You may feel I left you alone when you needed me the most.
At that moment you may have questioned where I was.
I am sorry I could not be there; one thousand times I apologize as words
escape me.

I will remain silenced for the rest of my life, and will not make noise so you will not awaken.
I know the game and how it is played.
You are only sleeping, pretending to be death.
You are alive.

I will see you in each spring flower.
I will see you in the daily sunrise.
I will feel you when the breeze touches my skin with the woodwind sounds.
I will see you in everything around me.

Well, I will let you sleep.
I have been talking with you throughout the night and dawn is upon us.
Through the branches of the trees I see a radiant, potent light.
I imagine this light is coming from the place where you are.
Inside I feel a river of peace as the power of your presence flows through me.
Let flesh perish as we communicate through the spiritual flame.
The flesh is temporal; love is life forever.

# A PECULIAR MARRIAGE

Life has created a peculiar marriage.
She was dying; he the killer.
The two of them were united in the silence of a dark night.

He was an impostor, she filled with virtues.
She was forgiving, he a sinner.
I was far away, but Jesus was present.

Everything was over when I arrived to the scene.
There was a murdered wife and a jailed husband.
Jesus was calm as he has always been.
He looked at me with compassion,
without talking we understood each other.
Then, I talked to Him.

If in this moment of sorrow in my life you granted me one wish,
I would not ask to bring her back.
I would ask you, Sir, to bless and change him.
I would ask that you replace his heart with hers.
This gift would be his eternal punishment.

He would dress in white as she did,
traversing the world singing songs of love.
His songs would shine on listeners like sunlight on flowers.
Sorrow and pain would be unknown to those by the path he walks.

He would become a Dove that flies freely in the skies.
Instead of poisons, perfumes would flow from his pores.
For her I would ask for nothing as she is already in a loving heaven.
For him, I know that by your eminent grace,
all of what I ask can be done.

# PREMONITION

Even while dreaming, I recognized the strangeness of the dream.
Instead of pigeons and swallows,
the sky was crowded with bats and crows.
They were flying frantically,
from side to side and circling above, as if possessed by demons.
Their eyes were aflame.
What a horrible vision!

I was puzzled, but not scared.
I dreamt through these tenebrous premonitions,
contemplating their meaning.
Simultaneously, answering myself with resignation:
whatever comes from above must be.
I woke up with a feeling of uncertainty.

I was intrigued by the light of dawn.
Silence, with the low whisper of birds singing.
I remained quiet;
my heart was mourning the power of the premonition.
My uncertainty was temporary.

In the blink of an eye,
a massive flame set my heart afire and remained burning.
The premonition became clear.
It was a truth I wished not to believe,
an unacceptable reality,
an irreconcilable loss.

I could start asking questions for which no answers are known;
allow my anger to curse the universe.
Infinitely blame others.
Allow rage to erupt like a volcano.
Shed tears as the rain cloud sheds water.

I could stay calm, serene, composed.
I will stay here, holding on.
Death should never be a tragedy.
Love in the heart is eternal and deathless.

# THE WHEEL OF THE UNIVERSE

The wheel of the universe is spinning day and night.
Nothing stands in the way of its trajectory.
It crashes down on whatever is in the way;
demolishing, smashing, pulverizing.
It turns infinitely, at times sacred and divine,
or harsh, vindictive, satanic.

The wheel is mute.
It has neither ears nor eyes,
is mute, deaf, and blind.
Devoid of senses,
it spins infinitely.

The wheel cannot pay attention to spring flowers;
no regard for winter snow.
It is impassively present during an earthquake,
as hurricanes rip through cities,
as a nation is bombed.

Whether its inhabitants are happy and laughing,
or sad and crying;
the wheel is indifferent as it continues to spin.
One ponders the nature of the wheel and what it represents;
each finding meaning with varying interpretations.

At times one may become confident and comfortable,
forgetting the wheel carries risk.
The wheel encodes and decodes symbols of the future,
as the future remains unknown.
At times happiness blossoms, inevitably followed by pain.

Unpredictably, the wheel splashes cold water on our faces.
We are surprised, confused and disoriented.
While constructing inexistent hopes,
we embrace untrue truths,
believing the unbelievable.

We plan without celestial authorization,
distressed, ashamed and deceived by our own pretentions.
Man is powerless, on his knees,
in front of the omnipotent wheel of the universe.

# THE PENITENT MAN

In the middle of a blast of rage,
through the noise of thousands of crying voices,
the sound of one distant, muffled voice reaches my ears.
It is the voice of a penitent soul,
asking for my help.

I sense it is in despair by the deep sounds of crying.
The voice is talking to the universe;
the universe, being upset, will not hear his voice.
He speaks in spiritual tongues;
by the virtue of my pain I attempt to translate.

He speaks of loneliness and feeling lost,
wishing he chose a different course.
Realizing that nothing could be done to reverse his action,
the universe is lost to him.
Begging for the soul he killed,
offering his life for hers to return.

He fears his begging and wishing will be ignored,
the soul he took preferring to remain,
allowing his anguish to consume him.
He longs to be counseled with the understanding that God will forgive him,
although he is unable to forgive himself.

In the name of God society will never forgive him.
With nowhere to turn and in spiritual despair,
peace for him is impossible.
With no sense of hope a feeling of doom lingers,
prepared to face the soul he took and apologize.
On his knees he will ask for piety, mercy, and forgiveness.

He hopes for mercy in a state of desperation.
He questions whom he will turn to,
where he can go,
who can hear him,
and what he can do.
He lingers in pain, errant and lost.

I am the father of the dead soul.
If he is in desperation, I want him to hear my voice:
In the house of the Father,
my dead Daughter's soul needs me no more.
She is happy in heaven, and with her permission,
I will turn my ears to help and assist the penitent soul.

# NOW YOU ARE THE TRUTH

Your short life was like a blooming flower smiling upon the earth;
a butterfly elegantly disappearing in the sky.
A fragile flower;
a comet that rampaged through the starry night.

A flame blown away by the wind;
candlelight transformed into a star.
Your metamorphosis continues.

You shine in the light of a dream,
unseen but felt.
Your scent is the soft perfume of any flower,
the essence of all that is good.

A gratifying essence;
the shining of light.
Now you are the truth of the world;
the truth of immortal hope.

# I ACCEPT MY PUNISHMENT

Badly life has hurt me with your death.
My soul stripped bare,
allowing dim opportunity for prayers to be heard.
Deeply my destiny held a grudge.
So hard a punishment may be undeserved.

Through past mortal deeds and human sins,
a deep doom has descended upon me with many curses.
A deep resentment, revenge, and fury,
falling mercilessly.

This doom is like a furious volcano instantly destroying life,
careless to life's careful construction.
A strong wind creating an intense wave in the middle of the ocean,
destroying the vessel where life navigates.
Afloat in disarray on the water,
without orientation, movement, or hope.

What destiny awaits?
Without a path or governess,
the vast ocean suggests the destiny of the universe itself.
With much pain and loneliness,
no pilgrim is sadder than me.
Between the vast ocean and the blue sky, I am the world's wreckage,
forgotten even by God.

I hide in my chest a hard soul with an iron heart.
Hidden to keep hatred at a distance,
the strong pain silences the soul.
This enables me to allow her to rest in peace,
hopeful that kindness in my life never perishes.

If I am punished for something I know not of,
with humbleness and resignation I accept the punishment.
My heart refuses to embrace grief,
wrath, hatred, sadness or vindictiveness.
My heart, instead, embraces the inert body of my daughter,
entombing her in an abyss of myself.

Allowing myself to be dragged into pain will eliminate the virtues of my daughter,
embracing hatred, a tragedy.
The heart prefers to retreat into itself,
an interminable lake of love,
softly depleting the earth of misery.

In this lake, evil is transformed into flowers.
Pain sings songs of birds.
Misery becomes love,
engendering kindness to all.

The death of a daughter inspires the strength
to end wars that plague the earth.
Her flesh and blood fertilize the grass, which feeds cattle and
nurtures soil for crops that sustain all life.
Birds in flight are nurtured by this sustenance,
suffering people are given eternal strength and hope.

# FROM CRIB TO ETERNITY

It was a beautiful moonlit season,
a time of planting love in the heart's farm.
So sweet and filled with hope,
deeply certain of long life.
Growing, succeeding, shining.

The nurturing power of my heart was devoted to you.
When you moved or cried I quickly understood
you were hungry, tired or wet.
On my chest, holding you upright, I used to pat your back
and sing songs for you;
gently, I laid you to sleep in your crib.

I made sure my hands were warm when I massaged your back,
asking you not to cry, but to relax and sleep.
When you grew up, you were shining like the bright sun.
My prayers were answered, my dreams realized.
I was nurtured with your sunlight as you awoke in the morning.

My nights were bright with the moon of your soul penetrating my mind.
The harvesting of the crops of your love nurtured the farm of my soul.
When it rained, I related the falling water with your grace.
When the sun shone, the warm light was akin to the love I felt emanating
from your heart.
When May and June flowers blossomed, and butterflies drifted in the prairies,
your growth and renewal were present in my mind.

July began the calendar of death,
never invited nor anticipated.
My senses were deceived,
as death mercilessly vaporized my wishes and dreams.

July came with a season so foreign, unrecognizable, and never experienced.
It moved powerfully towards me like storm clouds, as I waited unprepared.
Uncertain if I was in a dream or a nightmare,
I could not be certain whether you were truly gone.
My senses were deceived beyond recognition.
All that I found sacred hopelessly vanished before me.

Seeking questions so difficult to answer,
laying my body beside yours in the grave,
placing my ear on your chest,
hoping in vain to hear the beats of your heart,
the whisper of your breath,
I heard only a deafening silence.

I used to ask you to remain quiet, not to cry, and to sleep peacefully.
I now desperately ask you to move, awaken, and breathe.
Frustration lingers as I can hear neither your heart nor your breath.
Desperately, I wonder whether you can hear me.

With faith I now realize that even through the coldness of your body
I can feel the burning flames of love that eternally flows between us.

# A PACT

Let us make an agreement as we always did,
or as my illusions always wanted it to be.
There, where you are sleeping and obeying natural law,
by virtue of patience, waiting for me seems reasonable.
Meanwhile, rest quietly.

After a brief pause in vast timelessness, we will be reunited again.
Together we will undertake the journey to eternity.
This is our final hope.
Nothing should change.
Meanwhile, continue to speak with me at night.

Do not hesitate to trespass through the open window of my dreams.
Talk to me as water speaks in the murmuring stream.
I will always be vigilant.
Let me feel you in the twilight.
Let me see you in the shapes of the clouds above.

Let me see you as a bride in white gracefully floating above the trees.
Appear to me at dawn,
as a butterfly posing on top of the flower's crown.
Let me hear your voice in the songs of birds.
Allow me to feel you as a soft breeze touching my skin.

In the valleys, allow me to imagine your presence in the horizon.
In the depth of a canyon where the voice echoes,
allow me to believe the echoes are coming from your voice.
Allow me to believe that every sweet experience in life emanates from you.

If I see a beggar, allow your mercy and generosity to emerge from my heart and hands.
If another being suffers or cries, allow your compassion to leap through my eyes.
Allow me to believe that the breeze on the wheat fields is your spirit, spreading joy to the world.

Allow me all of these things,
and in exchange let us make a pact.
The agreement is that I am the one resting in the grave;
you are reincarnated and living in my flesh.
Happily resting on triumph,
we remain united until the end of time.

# I NEED YOUR HANDS

I need a hand to lift me up;
an omniscient power to guide me.
I need a firm, enormous hand to dig inside the depths of the Earth;
to submerge my consciousness into the spirals of the night.

I need to immerse myself in the universe.
To dive into the oceans and greet insatiable marine monsters,
who lurk in secret.
To connect with life in its intangible forms;
the life of shy intimacy invisible throughout the planet.

It is necessary to maintain the permeable ducts of silence,
as adversity may drag us to the dam.
It is necessary to maintain hope,
for an illuminated voice to echo through fertile lands.

Earth spouts its liquid thoughts.
One must feel the spouting centers of wisdom rooted from the beginning of
time.
For the universe, united by it laws of invisible life,
are invulnerable to the dangers that await.
I need your hands.

# A JOURNEY OF PAIN

I departed from somewhere,
starting a journey with an unknown destination.
I found myself walking through a dry desert,
alone, but not lonely.

For several days and nights I have been walking through the dry desert,
quietly traveling under a burning sun.
Dusty wind blows into my eyes, day and night.
Throughout the day the hot sun and sand has scorched my body.
Throughout the night the cold breeze has frozen my soul.

I departed from some place, with an unknown destination.
Day and night, I traveled alone.
No one present to ask for directions.
Instinct being my only guide.

I carry no water, no food,
and no blanket.
I want to fully experience the pain you felt treading this path.
To fully understand and feel the loneliness and desperation you suffered.

The stormy desert winds have threatened my life.
Some moments I was afraid I would succumb.
Bathing in midday sand storms I saw the fire at the horizon,
as it burned my flesh.
The dust in the wind was so thick at times I could barely breathe.

At times I was afraid as I stood in the middle of the ocean of sunlight,
suffocating and dying alone.
I had no water or food but was neither thirsty nor hungry.
Pain reached a threshold too intense for both body and soul.
Walking night and day in the arid desert,
pain is no longer felt,
replaced by numbness, which remains.

# SAVE ME

Now, full of the power that death has bestowed upon you,
you have transcended human mortality.
Without been seen, you see everything,
Perhaps, like God, you are all-knowing.

Take care of me as I took care of you.
Now that you are invisible,
walk in front of me as I tread the path of a mortal.
Remove the hidden dangers that await;
undo all curses assigned to me by destiny.

Gone in your youth, you now have the power
to see for me what I cannot see for myself.
I am old and powerless from age;
slow, tired, lacking ambition.
In death you are filled with immortal privileges,
infusing mortal hearts with envy and admiration.

I took care of you when you were fragile;
everything has changed as life and death have reversed our roles.
In death you have flourished like a blossoming tree.
I remain a decadent mortal doomed by sins.
God has given you the power to save me.

# APPENDIX

## BEREAVEMENT PRESENTED FROM A PERSONAL AND UNIVERSAL PERSPECTIVE.

**"Poetry is what outlives men not martyrdom" - Pablo Neruda**.

OUR LAST MOMENTS:

Initially, Laura argued she was born in New York and had very little contact with family members living in the Dominican Republic. She believed that when she arrived on the Island she was going to feel emotionally disconnected and uncomfortable with people she had never met, or with whom she had very little contact. After many considerations she agreed to visit the Island but only for two weeks. When she arrived in the island she discovered everybody treated her as if they had known her forever. Candor and effusiveness are the traits of the people in the island. After she arrived she did not have time for emotional distance, on the contrary, people in general and family members in particular were very invasive and warm.

She reconnected with relatives she had met during her previous visits and connected with relatives she had never met before. Her two weeks were very intense. Young cousins loved her at first sight and she was immediately accepted as a family member. They also loved that she spoke English, was tall as a model, gracious, and friendly. Not only was she loved and admired by cousins on both sides of the family, she was loved and admired by everyone. In the raucous of joy nobody could suspect it was both the celebration of her arrival and her external departure. The trip went smooth and happy. Everything was simple, joyous and serene; things we usually take for granted. By the time of

41

her departure from the Island she already had made the indentation of love and emotion in all family members. This was to be the deepest source of pain and sorrow when just two weeks later her lifeless body was brought back to sleep forever in the land of her ancestors.

July is a beautiful month on the Island. The sky is always blue and the breeze is soft and generous. And driving from the capital to the airport aside the clear blue ocean is a real pleasure. On the way you see flying seagulls at the horizon, planes taking off and landing, and jovial people playing merengue. Departing from the Island has always been associated with hope, future, progress and well-being.

This was one of many times we had dropped her off at an airport. We were used to taking her to La Guardia, or J.F. Kennedy in New York, Will Rogers in Oklahoma City going to New York or Atlanta, Italy, Mexico or Haiti. She seemed to have an affinity for traveling. She did not like to be hugged too often so we separated without doing so. After we said our good-byes, we knew we could leave because she typically did not look back to wave after passing the entry gate. Nothing was different on that day. We looked on as she slowly disappeared in the multitudes. There was no apprehension or premonition, and without awareness, it was to be forever our last encounter.

Two weeks later, the day we returned to Oklahoma City, while driving home from Will Rogers Airport, tired from the long trip, disconnected from everybody, emotionally numbed, spiritually distracted in the silence of an early afternoon, everything appeared to be calmed. There were not a sign of natural storms. Suddenly, the ring of the telephone disrupted the harmony of our hearts forever. In an instant, we discovered the color of the sound, the taste of the breeze and the consciousness of a piece of cotton suspended in the air. On the telephone, a distressed voice made a few seconds feel as an eternity. Puzzled, I prompted my sister- in- law and finally she uttered the "tragedy". We managed to reach home in what was experienced as a spiritual tornado. At home an avalanche of disconcerting messages awaited. By the information provided over the phone, I was sure the body was my daughter's. My wife was on denial.

During the trip we did not talk about our hopes. She hoped and perhaps prayed to God the body was not hers, and I silently hoped and prayed to God that it was her as the thought of her being missing was far worse. When we arrived I thanked God for the sense of relief to find out it was her. The Medical Examiner officer personnel were sophisticated in helping to minimize the intensity of the trauma on us. Her body was neatly presented, but in what could be inspected I saw she received a lethal blow on the left side of her face. This finding gave me a sense of gratitude to her murderer since her life appeared to end quickly.

This gratitude did not last; new reports revealed she must have been cruelly tortured by the murderer to obtain her bank account pin number. She must have gone through an intense process of desperation, with arms tied, legs bound, and mouth gagged before she was finally killed. More so than mourning her death, I mourn, grief, and bereave the process of desperation and loneliness she must have gone through before she died. I strangely felt grateful to Death for coming to rescue her from that horrific circumstance.

The information of how her death occurred was completed with pieces of my imagination and followed by painful repetitions in my mind of her tied, gagged, tortured, screaming for help, and hoping to live. She must have been hoping to be found by somebody; hoping for a miracle to occur. Her prayers and hopes were unanswered. Initially, I saw these images over and over on a 24-hour a day cycle. I dealt with them by not pushing them away, but rather allowing them to stay and be processed naturally by my mind and heart. Now, after more than 1 year of her death, I see the images only a few times a day and with less intensity.

Bereavement is a transitional stage of thought and emotional processing towards a stable state of acceptance. The generic definition of bereavement is the human response to the loss of a loved one. There are circumstances in which death appears to be more impactful than others. The tragedy surrounding the death compounds the intensity of pain experienced by the bereaved. Bereavement may be further intensified by several factors such as preexisting trauma, interpersonal conflicts, social circumstances, substance abuse or mental health issues. The response to bereavement may have many varieties. The process of bereavement may prompt healing by repairing the irreparable, reversing the irreversible, and explaining the unexplainable. In order for the healing process to occur, our hearts and minds must be open and not resistant to change. The process of bereavement could be universal to both humans and animal species.

I grew up in a little farm in the countryside of the Dominican Republic. In that environment one of the greatest prides of a child was to have a large cage with a big collection of birds in captivity. Although the birds could be eventually sold in the markets, the reasons to have them in captivity were not material reasons; it was rather the spiritual satisfaction of seeing them daily and to feel that one was admired and respected by other. This craft required a country boy to be attentive to find out where a bird was hatching its chicks and to observe them daily until they were completely feathered. Then, before they could fly out of the nest, take the chicks and place them in a cage.

This craft did not have malevolent intensions and there was no insight of wrong doing. However, we neglected to pay attention afterwards to the reaction of the chick's parents. We were not sensitive enough to notice that when we took their chicks away, the parents were sad, distressed, and suffering. We were far removed from emotional considerations, and therefore did not realize the pain we were inflicting upon them. Now, when I have been selected to experience the loss of my daughter, I discovered that the pain, sorrow, and desperation I was bearing may have been as the one the birds suffered

An inward journey of compassion into my soul brought to my mind surprising images. I could remember the parents of the chicks I was taking away as a child. I could vividly see them in the state of desperation when I took their chicks away. They were flying frantically around their nests, searching, shaking, screaming, puzzled, and restless. On other occasions they stayed around the nest for hours. For several days after they lost their chicks, they could be seen resting on the branches of the trees near the nest. They stayed quiet and silent for days. Occasionally, we could hear a sad grunting sound. Now that I lost one piece of myself, I could understand the image of the grieving birds through my own crushing experience of pain, helplessness, and sorrow. It made me realize that bereavement may transcends the human species.

Traumatic deaths occur in diverse forms such as combat, assault, gunshot, stabbing, drug overdose, drowning, car or plane accident, terrorist act, or gang assault just to name a few. The pain and sorrow experienced by a couple after a miscarriage can be as intense as the pain and sorrow experienced by the death of a 110 year old father or mother. When a child is dying from a chronic illness, parents and family members helplessly pray, cry, and plead to God to give him another opportunity. The bereaved will always believe that his or her personalized experience of pain has never been experienced by anybody. His or her pain being the greatest pain a human has ever endured. One's loved one should not have died. He or she should have been given an opportunity, a miracle should have happened, a magical medication should have spared his or her life.

The bereaved grieves the misfortune of the death of the loved one and attempts desperately to feel the anguish, torment, sense of loneliness and abandonment the deceased may had experienced during the process of dying. The bereaved rehearses over and over again the last scene, the last memory, the last encounter. If there was something to blame for the death, someone to protest to, a claim to make, a question to be asked, a curse to be thrown, a hate to be spread, the bereaved will pursue it in an effort to alleviate the unbearable pain. Yet, there is nothing available. There is only a suffocating sensation and an atmosphere of stagnation where there is no way of channeling one's pain. The bereaved discovers that one is trapped within oneself.

During the process of bereavement I experienced a range of emotions from anger, shame, guilt, depression, and anxiety to questioning God. I suspect these emotions are universal to all humans, but due to cultural norms people may not always share them. People most of the time do not open their hearts and minds and share those emotions. A newly bereaved person believes his feelings have never been experienced by anyone. This wrong perception may make one's suffering more intense.

With the presentation of this collection of poems I intended to share with the reader my personal process of bereavement. All the poems were composed within one week with the exception of "I Need Your Hands" which belongs to "Poesia Sin Tiempo." It was written prior to Laura's death, but was included here due to its spiritual meaning. The poems are organized according to the order they were emerging from my mind after receiving the news of the trauma. By the time the last poem was composed I have already achieved some degree of spiritual healing.

I felt guilty about my daughter dying; I was her father, I was supposed to be there at the moment she needed me the most. I should have had time for her, to rescue her, to save her - that is what a father should be there for. I failed her; I was not there as she died in loneliness and despair.

If God knows ahead of time the outcome of our lives, everything is calculated and predestined. I felt cheated with the death of my daughter. I felt her death, which was a shock to me, was long known by God - and perhaps others. I looked through all of her pictures since she was born. I saw her bright smile, playing, dreaming; then I realized that everything had already been written for her death and for my suffering. I felt life had "tricked me."

The death of our daughter was followed by a rain of sympathy and condolences. Hundreds of people, family, friends, known and unknown people, let us know how caring the world is and how many people in the world shared our pain. I work in a prison and very often, life-sentenced prisoners, caged twenty hours a day, called me to the bars of theirs cells, some with tears in their eyes, to express their compassion to me. My reaction was one of feeling ashamed for being the recipient of so much deep compassion from so many people. I was amazed by the humanity of the prisoners. Whatever misfortune led them to be sentenced to life in prison had not yet destroyed their sense of compassion and solidarity.

I decided to share some of my most intimate feelings and emotions with the reader because I anticipated others may be afraid of sharing similar thoughts and emotions by fear of being perceived as ridiculous, irreverent, sacrilegious or blasphemous. I feel that instead of feeling ashamed, the bereaved should claim ownership and entitlement to his or her emotions.

I share these emotional experiences because although I experienced them as mine, now I am aware they may be generic to our human condition. Therefore, our healing process must be universal because our collective human nature converges. At that point of convergence where human nature merges, we find each other embraced in the strongest ties of solidarity. I want to let the reader know that I believe that through the experience of pain and suffering we find ourselves embracing each other regardless of race, religion, socioeconomic, legal, marital status or sexual preferences. This is simply our human nature, to suffer together and to heal together.

The spiritual energy ignited during the wondrous process of bereavement and emotional healing at times results in the pursuit of sublimation. In this context my family and I committed ourselves to create the "Living Laura Foundation" to keep the torch of her flame in perennial burning. The mission of the Foundation will be to provide funds to young people to travel to help people abroad as she did. It will also provide scholarships for prisoners with low income, including her own murderer if he needs it, to obtain education and knowledge.

Printed in the United States
By Bookmasters

# Plegarias

a la **Muerte**

de una **Hija**

POR LORENZO ARAUJO

# CUANDO TE VUELVA A VER.

Bueno!
La vida y tú me hicieron trampas.
En su celada me atrapo el destino.
Nunca lo descifró mi entendimiento. ¿Cómo podía adivinarlo?
Aunque no lo supiera ya estaba anotado en los designios de tu vida.
Ya estaba registrado en los horóscopos de tu nacimiento.
El final de tu vida lo sellaron los astros el día que tú naciste.
Hubo un momento, ese momento de soledad infinita,
en que toda piedad te fue negada, yo quise estar presente.
Ahí, dormida, ya todo consumado, donde la profecía coronó su oficio,
converso con tu espíritu.
¿Que fue la vida para ti? ¿ Y qué es la muerte?
En el lugar donde estas, tu obedeces al destino
las preguntas que te hago, las respondo yo mismo.
Vida fue para ti la que viviste.
Muerte es la estación donde el dolor no existe.
Ya para siempre estará libre de tormentos.
Tú has trascendido.
Tu estas dormida y vivirás por siempre!
Te veré en cada flor de primavera.
Te veré en cada puesta de sol.
Te sentiré cuando la brisa toque mi piel
con el trinar del viento entre los árboles.

Te sentiré en todas las cosas!
En el día grande cuando te vuelva a ver,
terminare la historia que interrumpió tu muerte.
Entre tú y yo no hallara espacio el llanto.
Te meceré en mi pecho y te contare historias.
Te arrullare dulcemente como cuando era niña.
Bueno!
Te dejo ahí dormida.
Ya se acerca la aurora.
Por entre los arboles atraviesa una radiante y potente luz.
Me imagino que la luz viene del lugar donde te encuentras tú.
Siento un rio de paz en mi interior.
Y presiento que esa paz es tu presencia en mí,
a través de las llamas de amor que el espíritu encierra.

# ELLA Y EL.

Hizo la vida un matrimonio absurdo.

Ella, inmolada, él, sacerdote de algún macabro culto.

En silencio, en las tinieblas de una noche los casó el destino.

Él por una fuerza irracional de los sentidos,

ella, más que por voluntad, por sus propios instintos.

Ella por el perdón divino, él por el pecado de la avaricia humana.

Yo estuve lejano, Jesús estuvo presente.

Al llegar a la escena todo hallé consumado.

Un recinto asaltado, un Efialtes enjaulado.

Jesús estaba sereno como siempre lo ha estado.

El me miró con ojos compasivos y sin hablar, hablamos.

Entonces le dije,

si en esta hora de mi vida, tú, Señor me concedieras un deseo,

su retorno a la vida no te pediría.

Te pediría que a él lo bendijeras, lo cambiaras.

Y que en su pecho el corazón de ella le pusiera.

Que no lo encarcelaran.

Que tener en su pecho el corazón de ella fuera su condena.

Que al igual que ella se vistiera de blanco,

y anduviera por el mundo con canciones.

Que con la frente en alto, brillara con el sol como las flores.

Que por los caminos llantos no dejara.

Que fuera una paloma, que volara.

Que exhalara perfume, no veneno.

Para ella nada pido porque ya está en el cielo.

Pero para él, señor, yo sé que por tu gracia,

todo lo que te pido, él puede serlo...

# PREMONICIONES.

Aún en el sueño, reconocí que era algo extraño.
En vez de golondrinas y palomas,
el cielo se nubló de murciélagos y cuervos,
que volaban de lado a lado y en remolinos,
cual endemoniados espíritus.
Sus ojos parecían llamas de fuego.
Que asombro!
Que horrorosa visión!
Yo estaba confundido, pero no tenía miedo.
Presentía que eran premoniciones tenebrosas,
Mis preguntas no encontraban respuestas.
Resignado me dije:
Sea lo que el cielo quiera.
Desperté del sueño lleno de pesares, intrigado.
Las luces del alba eran tristes y pálidas.
Todo estaba en silencio, las aves no cantaban.
Ya mi corazón se sentía enlutado por la visión del sueño,
Presintiendo lo macabro de un siniestro destino.
En un pestañear,
una llama de saña me encendió el corazón
y aún me sigue quemando.
Era una verdad de vientos congelados.
Era una realidad de plegarias frustradas.
Ruegos de perdón que no fueron escuchados.
Llantos mudos, angustias silentes, esperanzas negadas.
Entonces,

pudiera hacer preguntas
que no tendrían repuestas.
Pudiera llenarme de enojo y maldecir al mundo.
Pudiera echarle culpas a todo hasta lo infinito.
Pudiera llenarme de rabia destructora como un volcán.
Pudiera llorar y hacer lluvia de lágrimas como las nubes.
O pudiera simplemente tragarme el dolor como remedio.
Suspendido por los brazos de la gracia,
protegido en el refugio interior de la esperanza.
Me niego a igualar la muerte a la tragedia,
Para que en el recinto de mi pecho, morada del amor, el rencor no se anide...

# LA RUEDA DEL MUNDO.

La rueda del universo gira sin parar noche y día.
Nada puede obstruir su curso.
Es capaz de destruir todo lo que interfiera su paso.
La rueda es un molino que demuele, tritura, pulveriza.
Gira y gira sin parar hasta lo infinito.
Puede ser sagrada y dulce como lo divino,
puede ser acre y maldito como lo satánico.
La rueda es muda, no tiene oídos, no tiene ojos.
La rueda es insensible.
La rueda solo gira y gira sin importarle nada.
A la rueda no le importan las flores de primavera,
ni la nieve de invierno.
La rueda es impávida
cuando un temblor de tierra lo destruye todo.
Cuando un huracán destruye la ciudad.
Cuando la nación es bombardeada.
La rueda solo gira, gira, gira...
Algunas veces la rueda es alegría y risas,
otras veces tristezas y lagrimas.
A la rueda nada le importa, su trabajo es girar.
Entonces, ¿qué es la rueda, a quién representa?
La rueda es para el hombre lo que él quiera que sea.

A veces el hombre se confía de la rueda y la rueda lo muele.

La rueda es engañosa.

La rueda cifra y descifra códigos del futuro sin que nadie lo sepa.

La rueda da sorpresas y hace que el hombre a la razón despierte.

Enciende los sentidos cual balde de agua helada que se estrella en la cara.

Entonces sorprendidos, nos sentimos confusos.

Desorientados descubrimos que es más plena la vida.

Construimos esperanzas que no existen.

Y por razones nuestras,

abrazamos verdades inciertas.

Pretendemos creer lo que en realidad no creemos,

y hacemos planes que no tienen sentido.

Entonces, nos avergonzamos, nos sentimos engañados por nosotros mismo,

impotente, de rodillas ante la omnipotencia del universo.

# LLANTO DE UN PENITENTE.

En medio de un aluvión de rabia,
atráves del estruendo de mil voces que lloran,
a mis oídos llegan los distantes quejidos y lamentos de alguien
que en silencio sufre.
Escucho las voces, llanto de un penitente que arrepentido implora.
Yo escucho la voz de un alma en penas.
Escucho que pide que la ayuden.
Escucho que está desesperada.
Escucho que desconsolada, en dolor se consume.
Escucho que la voz descarriada,
quiere pedir perdón y compasión al mundo,
pero el mundo con odio se resiste a escucharla.
La voz del penitente, habla en lenguas de espíritu,
yo por la virtud que me asigna el dolor,
intento intermediar entre la voz y el mundo.
Entiendo, que con profundo dolor el espíritu dice:
Estoy profundamente solo, yo me siento perdido.
Yo no sé cómo pude caer en semejante trance.
Ya es muy tarde para mi, que me siento irredento en el mundo
y del mundo no espero me conceda un milagro.
Yo me abrazaría al mundo
si una oportunidad me diera.
Nada puedo hacer para cambiar los hechos,
pero si pudiera, gracias le diera a todo el universo.
Para mí no hay salida.
Si pudiera, descendería a la tumba
y le rogara a quien ofendí
que retornara al mundo, que tomara mi puesto.
Pero siento temor que no acepte mi oferta.
Ya que preferiría quedarse en el edén,
dejar que yo con tanto dolor pague mis culpas.

¿A quién sabiduría pude haberle pedido?
¿Quién pudo haberme prevenido de estos males?
Aún cuando pueda Dios revocar mi destino,
no creo que pueda yo perdonarme a mí mismo.
Por sendas de dolor mi espíritu transita
desesperado mi espíritu agoniza
Yo estoy en desesperación espiritual,
desmoralizado, sin paz, sin esperanza.
¿Hacia quien me dirijo en este abismo?
Ya no resisto más mi cautiverio.
Soy prisionero de mí en mi propio cuerpo.
Si me fuera posible,
de rodillas, implorarle a quien he ofendido
que me tenga piedad, que me perdone.
Perdón debe ser dado a un alma, como yo, desesperada.
¿Hacia quien me encomiendo?
¿Qué quiere el cielo de mi, que mi pecado acepto?
Estoy errante, afligido, irredento….
Otra voz le responde entre las brumas.
Soy el doliente del alma que es difunta.
En la casa del padre, donde ahora vive, ya no me necesita.
Ella está en el Edén, y con permiso de ella,
me inclino a socorrer a una alma como tú que estás en penas…

# AHORA ERES LA VERDAD.

Tu corta edad como una flor risueña.
Como una mariposa hecha de humo.
Como una frágil flor, como un cometa,
que paso por la vida en estampida.
Como una llama que la apaga el viento.
Como un candil se transformó en estrella.
Tu vida sigue!
Ahora brilla en lo alto como un sueño.
Ahora no se te ves, mas se te sientes.
Ahora se te respiras cual perfumada flor de suave aroma.
Ahora eres la esencia de lo bueno.
Ahora eres la esencia de lo grato.
Ahora eres el resplandor de algo que brilla.
Ahora eres solo la verdad del mundo, una esperanza!

# ACEPTO MI CASTIGO

De tanto mal que quiso hacerme con tu dolor la vida,
que quiso herirme, desgarrarme el alma,
sin darle con tu muerte inanunciada,
la mínima oportunidad a mis plegarias.
¿Qué tanta sañas me guardo el destino?
Quizás yo no merezco tanto daño.
Algún mortal desliz, un pecado pequeño,
no debió cobrar tanta maldad y tanta saña.
¿Qué tanto encono, tan profundo rencor descarga tanta ira?
Que cual ciego volcán destruye en un instante,
Lo que con tanto esmero construyó mi vida.
Un fuerte viento,
una oleada intensa, en medio del océano destruyó mi barca,
su maderamen flota a la deriva,
sin dirección, sin timón, sin esperanza.
¿Cuál será su destino?
Sin camino, sin mástil que lo guie,
el vasto océano sugiere que su destino sea el universo mismo.
En esta hora de tanto dolor y soledades,
más triste que yo no hay otro peregrino.
Profundamente solitario,
entre el océano profundo y el azul firmamento,
soy naufrago del mundo hasta por Dios olvidado.
Una alma dura, un corazón de hierro,
necesito esconder aquí en mi pecho,
el corazón que no lo dañe el odio
el alma que en el dolor guarde silencio.
Que me ayuden a dejarla a ella que descanse en la tumba,
y que en mi vida la piedad nunca perezca.
Si castigado soy por algo que no entiendo,
con humilde resignación acepto mi castigo.

Mi corazón se niega a abrazar el llanto,
la ira, el odio, lo triste, lo mezquino
y prefiere abrazarse al cuerpo inerte de una muerta hija
y refugiarse en su propio interior que es un abismo.
Dejarse arrastrar por el dolor, sería negarla a ella,
lanzarse al odio, una tragedia.
Mi corazón a querido mejor refugiarse en sí mismo,
en un lago de amor interminable,
y hacer ahogar en él con sutileza, toda la miseria de la tierra.
Que en ese lago, todo lo que quiso ser mal,
se vuelva flores,
Que de todo el dolor nazcan canciones,
que toda la miseria se haga dulce,
y engendre una grata piedad para los hombres.
Que su muerte, de algún modo ayude hasta en la guerra,
en los más vastos rincones de la tierra.
Que su sangre y cuerpo sean cimiento del pasto donde pace el ganado,
y alimente la tierra, cuando para hacer surcos la reviente arado.
Al fin, que su espíritu aliente los pájaros que vuelan, sin anhelar venganza
y para los que sufren en el mundo, se vuelva una esperanza.....

# DE LA CUNA A LA TUMBA.

Fue plenilunio la estación dichosa.
Fue la ocasión de sembrar de amor el corazón del surco.
Fueron tiempos tan dulces y tan llenos de esperanza,
que yo no tuve dudas de que tu triunfarías.
Que tú florecería, crecería, brillaría,
que alcanzarías las nubes.
Todos los sublimes deseos se cifraban en ti.
Si te movías en la cuna,
en seguidas pensaba que tenías hambre,
que estabas inquieta ó que estaba mojada.
Sosteniéndote en mi pecho, dándote palmaditas en la espalda
te cantaba canciones.
Entonces, suavemente, te devolvía a la cuna.
Me aseguraba que mis manos estuvieran tibias,
y dándote masajes por las espalda
te pedía que no lloraras más, que te calmaras, que te durmieras...
Al fin creciste, te levantaste triunfante ante los sueños,
por las nubes te alzaste como un sol brillante.
Pensaba con orgullo, que mis plegarias al cielo,
habían sido escuchadas, ¿era eso cierto?
Cuando te levantabas, mis días brillaban con tu sol por las mañanas.
Mis noches se iluminaban con el brillo de tu alma, en mi imaginación.
Cuando llovía,
me atrevía a pensar que la lluvia que caía procedia de tu gracia.
Cuando brillaba el sol, me engañaba a mismo,
y me atrevía a pensar que la luz del sol eran los rayos de tu corazón.
Cuando en Mayo y Junio espigaban las flores
y volaban las mariposas en los prados,
en la magia de mis sentidos me permitía creer que ellas eran tú.
Llegue a pensar,
que había llegado la estación de segar frutos

de amor de las fincas del mundo.

Ahora no sé, no estoy seguro.

De repente, que mala jugada me hizo la vida!

Julio vino fuera de secuencia en el calendario de la muerte.

Nunca pedí que llegara!

Nunca desee que ocurriera.

En esta ocasión, no yo, la vida trastorno mis sentidos.

En un tiempo pasado, yo solía pensar que las cosas pasaban
porque yo lo deseaba,

Ahora me doy cuentas que mis deseos nunca contaron.

Julio llegó en un tiempo aberrante, por mí desconocido.

Me agarró de sorpresa sin estar preparado.

No puedo discernir si esto es un sueño o es una pesadilla.

De jugar con mi imaginación, tanto y por tanto tiempo,
ahora no puedo distinguir lo irreal de lo cierto.

No puedo saber de veras si es cierto que te has ido.

A tumbos busco una repuesta.

En la tumba, al lado de tu cuerpo acotejo mi cuerpo.

Coloco mis oídos en tu pecho,
esperando en vano, escuchar del corazón latidos.

y la respiración de tus pulmones,
pero nada escucho..

Hubo tiempo de plenilunio, tiempo de gozo, tiempo de la esperanza.

Tiempo en que te pedía que te calmaras, que no lloraras, que durmieras.

Ahora, tiempo de infortunios, tiempo de dolor,
tiempo de oscuridad a donde no hay milagros.
Desesperadamente,
casi ahogado en llanto,
te pido que te muevas, que llores, que respires.
Me frustro porque sé que tú no eras así,
que no puedo oír tu corazón ni tu resuellos
y aún lo que es peor, tú ya no me obedeces como lo manda Dios.
Pero aún así,
atreves del frio helado de tu cuerpo,
puedo sentir las llamas del fuego de amor,
de ese amor de la infancia, que aun después de la muerte fluye entre tú y yo....

# HAGAMOS UN TRATO.

Hagamos un contracto como siempre lo hicimos,
o como mi ilusión siempre quiso fuera.
Ahí, donde dormida está, obedeciendo a la naturaleza,
hasta que llegue yo, no será larga espera.
Mientras tanto descansas.
En una breve pausa volveremos a encontrarnos
para juntos los dos emprender el camino hacia la eternidad,
última esperanza.
Que nada cambie.
Mientras tanto háblame por las noches.
Penetras sin cuidados por la ventana abierta de mis sueños.
Háblame en las aguas del rio, murmuras tus palabras en la corriente.
Yo estaré siempre atento.
Déjame que te sientas en los atardeceres.
Déjame siempre verte desdibujadas en las nubes del cielo.
Déjame verte como un velo en la copa de los árboles.

Preséntateme en los amaneceres, en las auroras.
házteme mariposa posada sobre las corolas de las flores.
Déjame que te escuche en el canto de un ave.
Permíteme que te sientas en mi piel como una brisa suave.
En los valles déjame verte allá en el infinito.
En la profundidad del cañón donde el eco de la voz retumba,
permíteme creer que el eco es la voz tuya.
Déjame que yo crea que todo lo que es dulce tiene que ver contigo.
Que si veo un mendigo, que brotes tu como piedad en mis manos.
Que si alguien sufre y llora, que la compasión tuya por mis ojos se asome.
Déjame creer que los trigales, cuando los mueva el viento
Sea la alegría del mundo en tu aliento.
Déjame que sea yo quien repose en la tumba,
y tú encarnadas en mi ser, vivas en mi cuerpo
y que dichosos y en reposada calma,
estemos conjugados hasta el final del tiempo...

# NECESITO TUS MANOS.

Necesito una mano omnisciente que me ayude.
Necesito una mano firme,
descomunal para hurgar en los costados de la tierra.
Necesito sumergirme en los epicentros espirales de la noche.
Necesito descender a los océanos a saludar los monstruos marinos,
peces infatigables del secreto.
Necesito erigirme por los aires!
Es necesario.
Se hace necesario hacer conexiones con la vida en su forma intangible,
vida de las intimidades hurañas del planeta.
Se hace necesario mantener permeable los conductos del silencio,
por el caso que un insulto nos empuje hacia los diques.
Se hace necesaria la esperanza!
Se hace necesario que una voz luminosa vuelva su eco hacia los surcos,
donde mana la tierra su pensamiento liquido de sales coaguladas.
Se hace necesario tocar los centros germinales de raíces radiadas en la costumbre
del tiempo.
Se hace necesario que el universo unido por sus leyes de vida,
de lazos invisibles,
se haga invulnerable a los peligros.
Es decir: NECESITO TUS MANOS!

Nota: Este poema corresponde a la colección **Poesía Sin Tiempo** escrita antes
de esta colección, pero he querido incluirlo aquí por la naturaleza del tema.

# CAMINO DE DOLOR.

Salí de algún lugar
y comencé un viaje sin saber a dónde iba.
Me encontré caminando por árido desierto.
Yo iba caminando solo, pero no solitario.
Por muchos días y por muchas noches
estuve caminando por ese inhóspito camino.
Caminaba callado bajo un ardiente sol.
El polvo del viento me golpeaba en los ojos,
noche y día.
Por el día, el caliente del sol y la arena caliente
me calcinaban.
Por la noche la brisa fría me congelaba el alma.
Salí de algún lugar, sin saber hacia a donde.
Noche y día yo caminaba solo.
No había nadie a quien pedirle ayuda.
El instinto era la única guía.
Yo no llevaba alforjas, mantas, ni agua.
Me abrigaba en mí mismo, me alimentaba del aire,
me bebía la esperanza.
Iba pensando en ti, obediente al destino.
Quería sentir en mí, que duro fue para ti andar este camino.
Quería más que saberlo, sentirlo.
En el desierto, el eco del silencio resonaba en mis oídos.
Yo conversaba con la arena mi dolor y mi destino.
Fuertes vientos, enfurecidos amenazaban mi vida.
En algún momento pensé que me acercaba a ti.
Remolinos de arena me sacudían el alma.
El espejismo del horizonte segaba mis sentidos.
El fragor y calor me calcinaban.
El denso polvillo de la arena me cortaba la respiración.
En ocasiones tuve el temor de morirme solo, sofocado

en un océano de sol y arena en medio del desierto.
En la noche no había luna ni estrellas,
la oscuridad de la bruma era densa, cual mi propio destino
nada veía en las noches, no habían luces a los lejos.
Era yo una sombra negra, un hoyo en el desierto.
Mi camino era incierto
no tenía hambre, ni sed, ya no sentía mi cuerpo.
Del sueño desperté al lado de los juncos.

# SALVAME AHORA.

Ahora investida con el poder que te da la muerte.
Tú has trascendido lo mortal, lo humano.
Puedes ver todo sin que nadie te veas
Y al igual que Dios quizás lo sabes todo.

Ayúdame como yo te ayudé,
ahora tú eres invisible.
Delante de mí, señálame el trillo por donde andar seguro.
Remueve los peligros escondido a mi paso.
Aléjame las trampas que me asignó el destino.

Morir en la flor de tu juventud te da poderes
para ver por mí lo que yo no puedo.
Yo estoy viejo ya medroso por los años,
lento, cansado, sin ambición ninguna.
En la muerte, llenas de inmortales privilegios,
tú inspiras en los mortales admiración y envidia.

Yo te ayudé cuando tú eras frágil,
en la muerte tú vives como un árbol florido.
Yo sigo decadente como un triste mortal, débil por el pecado.
Con llevarte primero, Dios te has dado poder para que tú me salves….

# APÉNDICE

Epilogo

**Luto presentado desde una perspectiva personal**

*"La poesía, no el martirologio, es lo que sobrevive al hombre." Pablo Neruda*

Inicialmente Laura argumentaba que como ella nació en Nueva York había tenido muy poco contacto con la familia en La Republica Dominicana. Decía que se iba a sentir huraña y emocionalmente desconectada cuando llegara al país al estar rodeada de gente que nunca había visto o con la cuales había tenido muy breve contacto cuando visito el país por última vez a la edad de 12 años. Ahora tenía 23; pensaba que había pasado mucho tiempo. Pero cuando llego al país, se dio cuentas que todo el mundo la recibió con el calor y el entusiasmo típico de la gente de la isla. Se dio cuenta que la trataron y la hicieron sentir como si la hubiesen conocido toda la vida.

Muy pronto se reconecto con los familiares y amigos con los cuales convivio la vez pasada y se conectó con los que nunca había conocido. Fueron dos semanas de intenso calor y contacto familiar. Los primos y primas la aceptaron en seguida, ella era un miembro de la familia. Se enamoraron de ella porque hablaba inglés y hablar inglés es una cualidad deseada por todos; y la amaron porque ella era esbelta y graciosa como una modelo. Conquisto el afecto de toda la familia. En la ebullición de la alegría nadie pudo ni siquiera sospechar que esa fiesta familiar era su despedida definitiva.

Al momento de irse al aeropuerto ya ella había hecho una impresión profunda de amor y jovialidad en todos los miembros de la familia. La estadía había sido alegre, llena de júbilos y de emociones. Fueron esas emociones las que les iban a causar el más profundo dolor a todos dos semanas más tarde cuando

su cuerpo sin vida fuera traído de nuevo a dormir eternamente en la tierra de sus progenitores.

El día de su partida su madre y yo la fuimos a llevar al aeropuerto. Ella había disfrutado la visita inmensamente. Estuvo alegre todo el tiempo y sabíamos que estaba contenta de verdad. Pero ella era muy poco expresiva, e iba en silencio como siempre. En realidad los tres estábamos alegre, pero íbamos en silencio.

Julio es un mes bello en la isla. El cielo siempre tiene un color azul profundo. La briza es suave y generosa como la gracia divina y viajar desde la capital hacia el aeropuerto bordeando el agua azul claro del mar, es siempre grato. De repente asalta la vista una gaviota suspendida en el aire allá en el horizonte; un avión que despega y otro que aterriza, gente alegre y jovial, explosiva música de merengue. Esto es llevar a alguien al aeropuerto. Salir de la isla es siempre asociado con alegría, esperanza, futuro, progreso y bienestar.

Creímos que esta era simplemente una más de las veces que su madre y yo habíamos ido a llevarla a un aeropuerto. Hasta entonces, había sido una rutina. La habíamos ido a llevar al aeropuerto de la Guardia o al John F. Kennedy en Nueva York, al Will Rogers en la ciudad de Oklahoma, yendo para Nueva York, o para Milano, Italia; viajando a México o viajando a Haití. Ella tenía infinito deseos de viajar. Como a ella no le gustaba ser abrazada, nos despedimos como siempre, sin abrazos. Después que nos despedimos sabíamos que podíamos irnos, ella no volvería a mirar hacia atrás para decir adiós con las manos. Ese día nada fue diferente. Como siempre, nos quedamos mirándola hasta que se perdió entre la muchedumbre. No tuvimos sobresaltos ni premoniciones y sin ninguna señal, este fue para siempre nuestro último encuentro.

. Dos semanas más tarde, el mismo día que retornamos a la ciudad de Oklahoma mientras conduciamos del aeropuerto Will Rogers hacia nuestra casa, agotados por el largo viaje, desconectados del mundo exterior, emocionalmente apagados, espiritualmente distraidos en el silencio de la tarde, todo parecía quieto. No había señales de tormentas naturales. De repente el sonido del teléfono interumpió la armonía del corazón para siempre. En un instante descubrimos que el sonido puede tener color, y la brisa sabor y que el cuerpo puede adquirir la liviandad de un copo de algodón suspendido en la brisa. En el teléfono, una

voz atormentada hizo unos cuantos segundos parecer una eternidad. Lleno de espanto le rogué a mi cuñada que dijera la noticia, finalmente nos informó. Luchamos para llegar a la casa y cuando entramos, un aluvión de llamadas telefónicas con informacion fragmentada y distorcionada nos esperaba. Sin embargo, una instrucción era exacta: un cuerpo sin vida había sido encontrado y la oficina del medico legista de la ciudad de Filadelfia pedía que fuesemos a identificarlo. Por las descripciones dadas, yo estuve seguro que se trataba de mi hija. Mi esposa, sin embargo, abrigaba la última esperanza de que no fuera ella.

Durante el viaje nosotros no hablamos de nuestras esperanzas; pero ella seguía con sus vivos deseos y en silencio quizás había rogado a Dios que el cuerpo no fuera el de nuestra hija; yo en cambio, por economizar dolor rogaba a Dios que el cuerpo fuera el de ella.

La oficina del médico legista hizo un gran esfuerzo para presentar el cadáver bien arreglado, aparentemente para disminuir el efecto traumático. Con mucha discreción el cuerpo fue presentado de modo tal que un golpe masivo en el lado izquierdo de la cara a penas si podía ser notado. Era tan masivo que cuando lo note, sentí una sensación de gratitud por el matador. Pensé que no sufrió al morir. Esa sensación de gratitud no duro mucho tiempo. Más informes de la prensa y de la policía indicaron que antes de matarla, el victimario debió haberla torturado severamente para obtener el número de la clave de la cuenta de banco. Posiblemente la amarro, le tapó la boca, le cubrió los ojos y la golpeo severamente antes de finalmente ejecutarla. Por esa razón mi duelo es por el proceso de dolor, de desesperación, de soledad y de desesperanza que ella debió haber pasado, precisamente antes de morir. Yo siento gratitud por la muerte que en tan terrible momentos, vino para su alivio, por ella.

La noticia de la muerte fue seguida por una repetición del proceso en mi imaginación. Verla amarrada de pies y manos, tapada la boca, en una posición incómoda, deseando ayuda, teniendo la esperanza de ser socorrida por alguien, deseando que ocurriera un milagro. Obviamente sus plegarias no fueron oídas. Estas imagines se repetían en mi mente una y otra vez veinte y cuatro horas al día. Para defenderme de la persistencia de las recurrentes ideas opté por permitirles que llegaran libremente, y en vez de empujarlas, las invité a venir y que se quedaran en mi pensamiento. Como nos hicimos amigos, entonces

no me daban miedo, ni enojo, ni desesperación. Ahora casi a dos años de su muerte, veo las imagines solo unas cuantas horas al día.

El Duelo es un estado mental o un proceso transitorio de las emociones hacia el establecimiento de un estado de aceptación de una realidad irreversible. Por definición el luto es una repuesta humana a la pérdida de un ser querido La pérdida de un ser querido es siempre dolorosa, pero hay circunstancia en que la perdida parece más impactante – La tragedia alrededor de la cual ocurre la muerte, el tormento, la agonía, la tortura, la desesperación, el dolor intenso y la angustia que padeció la víctima en el proceso de la muerte añaden dolor e intensidad al proceso de duelo. El proceso de luto puede también ser intensificado por varios factores, por ejemplo traumas pre-existentes, conflictos interpersonales, circunstancias sociales, o credo político, etc. Se puede concebir que la repuesta de luto pueda tener tantas variaciones, como las personalidades individuales de los seres humanos.

El luto procede de una perdida que es irreversible, inexplicable y es posible que de algún modo, no sea única de los seres humanos. Yo crecí en una pequeña parcela en un campo de mi pueblo natal en la Republica Dominicana. En ese medio era de gran orgullo tener una jaula grande llena de pájaros cautivos. Aunque los pájaros ocasionalmente podían ser vendidos en los mercados, la razón fundamental de tenerlos no era hacer dinero o nada material, el objetivo era tenerlos y la satisfacción de verlos a diario. Tener una jaula con muchos pájaros daba al dueño reconocimiento, respecto y admiracion. Un niño del campo se mantenía atento y cuando descubría que en un árbol un pájaro encubaba sus huevos, lo vigilaba diariamente. Cuando los pichones estaban completamente emplumados, pero antes de que comenzaran a volar, eran tomados del nido y llevados a la jaula donde "vivirían" el resto de sus vidas en cautiverio. Tener pájaros enjaulados era un hábito generalizado en la región. Los niños lo hacíamos con el consentimiento de nuestros padres y no veíamos nada de malo en eso. Hacerlo no implicaba un acto de maldad.

Los niños no poníamos atención al comportamiento de los pájaros padres de los pichones que nosotros robábamos. Nosotros no teníamos la sensibilidad necesaria para entender que cuando cogíamos los pichones, los padres estaban tristes, desesperados, desesperanzados y con dolor. Cuando yo fui seleccionado

para experimentar la perdida de mi hija, cada vez que intentaba buscar una explicación fuera de mi mismo, para entender su muerte, el dolor, la tristeza, el enojo, la miseria, la desesperación, y la culpa se hacían insoportables. Entonces emprendí un viaje hacia mi interior. El proyecto de viajar hacia mi interior trajo hacia la superficie de mi mente sorprendente imagines. Ahora veía antes mis ojos los pájaros a los cuales yo les robaba los pichones. Ahora podía descifrar los códigos secretos de su dolor. Podía ver su desesperación. Veía como ellos volaban con pavor y frenesí en frente de sus nidos. Yo ahora veía como algunas veces ellos se posaban en la tierra batiendo sus alas, inquietos, desesperados, desconsolados. Mi mente recordaba cómo se quedaban cerca del nido vacío por horas. Por muchos días después de haber perdido sus polluelos yo podía verlos como ellos se quedaban posados sobre las ramas de los arboles cercanos a donde tenían el nido de donde desaparecieron sus hijos. Parecía como si esperaban que algún milagro se los devolviera. Se posaban tranquilos, ocasionalmente emitían sonidos guturales que parecían ser de profunda tristeza. Ahora en estos precisos momentos que con la perdida de mi hija, yo sentía que había perdido parte de mi mismo, yo podía equiparar las imagines de los pájaros con mi propia experiencia de dolor profundo, con mi desesperación, y la tristeza que ahora yo sentía. En mi experiencia de vivir en el campo yo también había visto el comportamiento de otros animales cuando perdían sus cachorros y por todas estas imagines movilizadas por el dolor, yo no tengo dudas de que la capacidad de experimentar dolor profundo, no es quizás, única de la especie humana.

Lo Universal del Luto

El dolor y la tristeza experimentada por una pareja que sufre la pérdida de un embarazo, puede ser tan intenso como el dolor y la tristeza que sufre un hijo cuando se le muere una madre o un padre de ciento treinta años. La muerte de un niño que muere de una enfermedad crónica durante la cual los padres y otros miembros de la familia desesperanzados, rezaron, lloraron, pidieron a Dios para que le diera una oportunidad, pudiera llevar a una larga experiencia de dolor, de enojo y de tristeza.

Como el luto es una experiencia personal, quizás no todos los miembros de una misma familia que pierden un ser querido experimentan el luto con la misma intensidad. Una pareja pierde un niño y el proceso puede ser diferente para

cada padre. La experiencia de luto parece ser un complejo mecanismo en el cual la defensa universal de la experiencia del dolor humano se confunde con la habilidad personal de un individuo para bregar con él.

La muerte puede aparecer en las más diversas circunstancias, desde un soldado que muere en combate, o alguien que muere en un asalto, o de un balazo, de una puñalada, hasta de una sobre dosis de substancias, etc. Para la persona que pierde un ser querido, cualquiera que sea la circunstancia es dolorosa y pasa por un proceso de luto terrible.

La persona que sufre el luto piensa que su dolor es único y lo experimenta como el dolor más grande que pueda sufrir un ser humano. El que sufre el luto siempre piensa que su persona amada debió haber recibido una oportunidad, que un milagro debió haber ocurrido; un mágico medicamento debió haber aparecido y salvado la vida.

El doliente que perdió una persona querida sufre la desventura de su deudo e intenta desesperadamente de recrear el dolor, la desesperación que transito su deudo en el proceso de la muerte. Trata de compartir la angustia, el tormento, el sentido de soledad y abandono experimentado por la persona desaparecida. El doliente ensaya una y otra vez la última escena que recuerda de la vida de la persona amada; la última memoria, el último encuentro. Si hay alguien o algo que pueda ser culpado por la muerte de la persona desaparecida, el doliente lo culparía. Si hubiera una protesta que pudiera hacerse, un reclamo, una pregunta que hacer, un conjuro que tirar, un odio que diseminar, el doliente lo haría en un intento de aliviar su dolor. Pero nada es posible. No hay una salida viable para él. Descubre que siente una sensación de sofocación, una esfera de estancamiento del espíritu que a veces ni las lágrimas salen. Para el doliente no hay formas de canalizar el dolor; se siente atrapado. Es dentro de esa dimensión que el doliente acepta un viaje hacia su mundo interior con la esperanza de encontrar refugio. En mi caso personal, es en este trayecto, donde aspiro encontrarme con los sentimientos profundos del universo humano.

Durante el estado agudo de luto, me encontré emociones que variaban desde el enojo extremo hasta el cuestionamiento de la divinidad. Sospecho que estas emociones son universales de los seres humanos, pero quizás por razones

culturales, no la compartimos con nadie. Y como en general, no compartimos las emociones que experimentamos en el proceso de luto, cada persona que sufre luto cuando las experimenta, piensa que son nuevas, que son únicas, y puede avergonzarse o sentirse culpable y esto hace, quizás, su proceso más doloroso o más prolongado.

Con la presentación de esta colección de poemas intento compartir con los lectores una visión personal de mi experiencia de luto. Los poemas están presentados en el libro en el mismo orden que fueron apareciendo en mi mente a partir del momento de la noticia de la muerte de Laura con la excepción de poema 10 "Necesito Tus Manos" que es de una colección anterior (Poesía sin Tiempo), el cual fue incluido en este volumen precisamente por la evocación del título. Todos los poemas fueron compuestos en una semana. Al tiempo de componer el último poema, ya mis emociones estaban organizadas para sobre llevar el proceso espiritual.

Yo he querido compartir algunas de mis emociones más íntimas con el lector porque temo que mucha gente no quiere hacerlo por temor a ser percibido como ridículo, irreverente, profano, o sacrílego. Creo que en vez de sentirse avergonzado, el doliente mientras atraviesa por la experiencia de luto, debería sentirse fuerte y con autoridad para comunicar su dolor. Como Dios sabía cuál iba a ser el desenlace de la vida de mi hija, todo había estado planeado, pero yo no lo sabía; así que con su muerte me he sentido engañado…, (Poema I). Miré detenidamente las fotos desde que ella nació, los proyectos que hicimos con ella, sus deseos y nuestras esperanzas y no pude resistir una sensación de profunda desilusión y engaño. Todo había sido una falsa y ahora yo descubría que "la vida me había hecho trampas".

Yo creo que Laura debió haber estado amarrada de pies y manos y la boca tapada por más de una hora antes de ser últimamente ejecutada. Yo me siento culpable por no haber estado ahí. Por no haber llegado a rescatarla cuando en su desesperación ella se preguntaba dónde estaba yo; donde estaba su padre? Yo la deje morir desesperada, sin esperanzas.

La muerte de Laura fue seguida por una lluvia de condolencias, pésames y solidaridad. Cientos de personas, familiares, amigos, conocidos y desconocidos

nos dejaron saber lo bueno que es el mundo, que profunda es la compasión humana. Yo trabajo en una prisión y muchas veces prisioneros encerrados en sus celdas, condenados a cadena perpetua, me llamaban a las rejas de sus celdas, a veces hasta con lágrimas en los ojos para ofrecerme sus condolencias y solidaridad. En esa situación yo me sentía avergonzado por ser el recipiente de tanta compasión; me estremecía pensar, que ellos dentro de su penitencia social no hubiesen perdido su sentido de humanidad. Mi reflexión sobre ellos me demuestra que los infortunios que los llevaron a ser condenados a cadena perpetua en una celda, no habían logrado hacerlos perder su sentido de compasión por los demás.

Yo comparto estas experiencias emocionales porque yo las sentí como únicamente mías, pero me temo que sean más bien universales, genéricas de la condición humana. Y es precisamente en este punto de convergencia humana donde yo espero abrazarme con los lazos más fuerte de solidaridad. Yo quisiera dejarle saber al lector que yo creo que la experiencia de dolor, nos une a todos los de la especie sin importar la afiliación política, étnica, religiosa, socio-económica, estatus legal, ó preferencia sexual. La experiencia de dolor puede que sea el distintivo más genuino de la naturaleza humana.

La energía que emana de la iluminación espiritual durante el proceso de luto y curación emocional trasciende hasta alcanzar lo sublime. En esa dimensión, nosotros los familiares hemos decididos establecer "La Fundación Laura Viviente" para mantener encendida la llama de su amor. La misión de la fundación seria proveer fondos para que jóvenes viajen a ayudar a los pobres alrededor del mundo como ella lo hizo y ofrecer becas para prisioneros que necesiten fondos para hacer estudios que les ayuden a desarrolar su intelecto, incluyendo su propio victimario si lo necesitase.